台灣前總統李登輝歸天後的首次發言

Ryuho Okawa
大川隆法

台灣幸福科學出版有限公司

目錄
Contents

4　讓中國成為一個有「自由、民主、信仰」的國家　60

5

前言

台灣前總統李登輝過世了，他在三天後「復活」，此書內容是他歸天之後發出的第一聲。

靈言內容與他生前的主張並無太大的改變，他生前那般抱持信仰心的政治指導家之姿，讓世人看到他實行了莫大的「有信念的政治」。此外，他的靈魂復活之事實，與耶穌的復活相同，這顯示了台灣是正確的，而無神論、唯物論的中華人民共和國，只是蓋在砂地上的閣樓。

戰後，在日本都還沒有自衛隊之時，中國共產黨的毛澤東攻占了西藏、維吾爾、南蒙古等地區，不僅剝奪了當地的語言、文化、宗教的自主權，還建造了強制收容所。這是納粹主義的復活，在相信神，否定無神論、唯物論的這一點上，日本是正確的。

現今，香港危機、台灣危機、尖閣和沖繩的危機正迫在眉睫。「日本啊！要做個像樣的國家！」李登輝前總統的聲音正迴盪於世間。

二〇二〇年八月六日

幸福科學集團創立者兼總裁　大川隆法

靈言現象

「靈言現象」是指另一個世界的靈魂存在，降下言語的現象。這是發生在高度開悟者身上的特有現象，並有別於「靈媒現象」（即人陷入恍惚狀態、失去了意識，靈魂單方面說話的現象）。當降下外國人靈魂的靈言時，發起靈言現象之人亦可從語言中樞選擇需要的語言，因而可用日語來講述。

然而，「靈言」終究只是靈人本身的意見，其內容有時會與幸福科學集團的見解相矛盾，特此注記。

台灣前總統李登輝
歸天第一聲

二〇二〇年八月二日
於幸福科學特別説法堂收錄

李登輝（一九二三～二〇二〇年）

台灣（中華民國）的政治家、農業經濟學家、第四任台灣總統。出生於日本統治期間的台灣，後來進入了日本京都帝國大學農學系，並且以學生身分出征。戰爭結束後，他轉學進入台灣大學農學系就讀。畢業後，前往美國康乃爾大學留學，取得了博士學位。此後，他開始進入政壇。歷任台北市長、台灣副總統等職位後就任台灣總統。一九九六年，他成為中華民國史上首位由公民直選產生的總統。他亦是相當擅長日語的親日人士。

〔三位提問者，分別以A・B・C標記〕

1　傳達台灣前總統李登輝的遺志

「存在本身即是愛」的「台灣之柱」李登輝先生身故

大川隆法　早安。三天前的七月三十日，台灣的前總統李登輝先生過世了。

我本來認為他會過來講述靈言，但我想那時他應該很忙吧。今天是禮拜天，雖然我想他應該會更忙，但我詢問他是否能講述靈言，結果他願意前來講述。現在應該有很多人士前去弔謁，但很不好意思，現在那邊是「空無一人」的狀態。過去幸福科學曾出版《日本啊！要像個國家！台灣前總統李登輝守護靈的靈性訊息》一書，這本還是守護靈靈言的階段，我是在二〇一四年二月十八日，寫下了此書的前言。

應該是在三年前左右，本會的藤井國際政治局局長前去李登輝先生的自宅拜訪，進行了九十分鐘左右的面談。在那個時候，他將這本靈言送給了李登輝先生，並且還錄下了他親口唸出此書前言的影像。

「真的是很可惜，真希望他能更加活躍於世界舞台上，甚至是取代社會黨前黨首村山首相成為日本的總理。但願日本終能成為台灣的依靠。」李登輝先生親口唸出前言的這個

《日本啊！要像個國家！台灣前總統李登輝守護靈的靈性訊息》（幸福科學出版發行）

部分，之後他再問道：「這是大川總裁親自寫的嗎？」藤井便回答：「對，沒有錯。」李先生便說：「嗯。」對於前言當中所說的「希望他能成為日本的總理」，我想他應該也是認同吧。

他的身故，我想中國會認為「如此一來，台灣的精神支柱就一口氣瓦解了」。李登輝先生在世時的想法非常地親日，在日本也有眾多的支持者，但願台灣不會因為他的離世而陷入混亂，因此我想確實地承接他的遺志，將他的靈言傳達給人們。

中國會如何看待「李登輝的靈言」？

大川隆法　附帶一提，昨天我出版了《大中華帝國崩壞的序曲》這本令人感到震撼的書籍，頁數非常厚，日文版有將近四百五十頁，但僅訂日幣一千四百圓如此「低廉」的售價。或許是怕人們覺得頁數太多而不想買，才刻意賣得比較便宜。

對於「針對日本講述嚴酷意見的中國獨裁者們」，這本非常厚重的書籍，收錄了「天上界當中的非洲祖魯神、中國女神之泰山娘娘、洞庭湖娘娘」反對現今政治體制的言論，是一本會讓人感到衝擊的書。

《大中華帝國崩壞的序曲》
（幸福科學出版發行）

我們在今天的《產經新聞》也大大地登出了那本書的廣告，本書書腰寫著「大洪水、新冠疫情、蝗害、糧食危機等等，在中國頻繁發生的天變地異之真相」。中國現在正壓抑著各種事物，其實中國連眾神明都想要予以壓抑，而在那本書裡，揭示了「被唯物論壓抑住的眾神明的革命意圖」。

在李登輝先生身故之後，中國的政治家或許會認為「這下只要擊潰蔡英文，台灣就完了」，但此次出版「李登輝先生的靈言」，我想會讓中國感到很棘手。

本來中國官方就不承認有靈魂、靈言、靈界的存在，所以即便他們想要反駁這個靈言的內容也無從反駁，因為若是承認靈言的存在，唯物論思想就會瓦解。

我想李登輝先生應該會想要透過靈言，留下一些話語。

他在晚年因為罹患疾病，狀態可能會有點不適，或許一開始在講述靈言時，那會稍微帶來一些影響，但漸漸地應該就不成問題了。

今天B先生是透過螢幕來提問嗎？

提問者A　是啊！今天好像是在開遠端會議一樣。

大川隆法　有時會在電視上看到這般場景（笑）。不過，靈界當中就是這種樣子，「來自靈界的訊息」。

幫助蔡英文總統連任的台灣講演

大川隆法　那麼，我就來招喚吧！我想各位應該都知道要如何提問。

去年我去了台灣※，應該有很多人知道，過去本會曾贈送給李登輝先生其自身守護靈訊息的那本書，作為回禮，李先生將一片回顧他過去人生的紀錄片光碟寄給了藤井先生，希望代為轉交給我。宗務本部讓我看了那片光碟，而這便成為了我前往台灣的契機。

當時，原本我是要去泰國而不是台灣，但泰國的政情不是很穩定，軍事政權壓抑著民主主義。泰國國王掌握著軍隊，若是對國王說出冒犯的話語，就有可能立即被處以十五年的徒刑。那本來是我第三次要

※ 去年我去了台灣　2019年3月3日，於台北君悅大飯店以「以愛跨越憎恨」為題，進行了講演及接受聽眾提問。參照《以愛跨越憎恨》（台灣幸福科學出版發行）。

前往泰國的計畫，但如此一來就變得難以成行，就在那個時候，拿到了台灣的李登輝先生寄來的光碟。

因此，我就改為前往台灣，不過令我意外的是，那是一場很大的戰鬥。

前往台灣之前※，我在幸福科學的名古屋正心館，針對《毛澤東的靈言》進行講演，當時毛澤東之靈從早上就前來妨礙。我跟他說：「不過就是在名古屋舉行講演，有什麼大不了的？」他非常厭惡地回答：「即便是在名古屋，也有很多人會對中國做許多壞事。」

而到了台灣之後，那真的是一場讓我感到相當沉重的講演會。雖然規模不是那麼大，是在飯店當中舉行，當天我亦是以日語講演，透過口譯讓聽眾聆聽，但當時的確出現了眾多靈性影響。

那時，蔡英文女士的支持率非常低迷，不過就在我的講演會之後，支持率漸漸地恢復，在連任的演說內容當中，似乎也引用了我在講演當中的話語。

那是什麼呢？「台灣的各位，現在或許在煩惱著未來是否要從中國當中獨立，還是要成為中國的一省，但那並非是正確的想法」，以上是我的看法。

台灣在第二次世界大戰結束之前，是日本

※　前往台灣之前　2019年2月11日，於幸福科學名古屋正心館所舉行之「毛澤東的靈言講義」，內容收錄於《霸主的心聲》（右），在講義當天上午所舉行的「毛澤東／雅伊多隆的靈言」則收錄於《中國虛像的大國》（左）當中。（兩者皆為幸福科學出版發行）

的一部分，李登輝先生也曾說過他自己過去曾是日本人。他說「我在二十二歲之前是日本人，是京都帝國大學的學生」、「戰爭時也是身為日本人參戰」。「因為日本戰敗，所以中華民國藉此獨立了」，所以台灣是從日本當中獨立，而非是從中華人民共和國當中獨立。中華民國獨立之後，發生了國共內戰，一九四九年因毛澤東革命，中國大陸內陸被毛澤東的共產黨竊取，蔣介石的勢力被追擊壓迫，進而逃往到了台灣，當時的狀況一直延續至今。

因此，現今中國一直說著「台灣是中國不可分割的一部分，台灣是中國的」，但我要說「根本沒有那種歷史」。

我在台灣跟人們說著「台灣沒有什麼獨立不獨立的問題，因為台灣早就已經獨立了，若是想要侵害、奪取台灣的話，那就是侵略。對付那種侵略，必須要對維持台灣的獨立進行防衛才行，而日本對於曾作為日本的一部分參與戰爭的台灣，有著必須要加以援助的義務」，我說的盡是正確的言論。

因與公明黨組成聯合政權，進而被拉往親中方向的日本執政黨

大川隆法　李登輝先生曾經訪問過靖國神社，那個時候他說「自己的哥哥是作為日軍的一員而戰死，因而被祭祀於靖國神社當中，我來此祭拜一點問題都沒有，這是理所應當之事」、「安倍首相迴避參拜靖國神社是很奇怪的。作為一國的首相去祭拜為了國家而戰亡的英雄是當然之事，外國人沒有資格對此說三道四，根本應該加以忽視，為當為之事才行」。

在這層意義上，李登輝先生應該也是一張檢證戰後歷史的「酸鹼試紙」。

日本的執政黨現在與公明黨組成聯合政權，非常看中國大陸的臉色，有著

被拉過去的傾向。

公明黨的母體是創價學會。創價學會一直把過去促成日中恢復邦交一事，當作自己的功勞宣傳，講了五十年，就好像變得像是真的一樣。但我認為那般想法，其實現今正導致日本可能出現國難。

因此，「支持台灣，有問題的是中國」的看法，對於公明黨來說是負面的意見，對此必須要清楚地表達立場才行。

此外，美國本土的想法，不管是共和黨還是民主黨，兩黨雙方對於中國、台灣問題，都抱持著與我完全一致的想法。唯獨日本什麼事都決定不了，像是水母一樣漂浮。

招喚李登輝前總統之靈，聆聽「歸天之後發出的第一個訊息」

大川隆法 那麼，以上就是我的前言。

（約五秒鐘的沉默）接下來，我就要招喚台灣前總統李登輝先生之靈，但願能向日本的國民、台灣的各位，以及其他外國的人們，傳達他回到天上界之後所發出的第一個訊息。

李登輝總統啊！若是能請您降臨至幸福科學傳達您的心聲，我們將不勝感激。

（約五秒鐘的沉默）

2 論述日本應找回「武士道」

「我本來是想要成就更大的工作啊」

李登輝 （咳嗽）啊……。嗯，我來遲了。

提問者A 沒有那回事。

李登輝 如果我再年輕一點，應該就有機會見到幸福科學的各位了，真是很可惜。

提問者A　在您百忙之中，能夠在此見到您……。

李 登 輝　不，就算是說我很忙，但實際上我什麼都做不了（笑），倒是有很多人正忙碌著。嗯、嗯。

提問者A　在日本國內當中，先不論政治思想，不僅是保守派或自由派人士，稱讚李登輝先生生前功績的聲音，源源不絕於耳。讓我再次感受到，李登輝前總統閣下，真的是一位偉大的人物。

李登輝 不，那真的是言過其實，並且日本人們都說我這個台灣人「很像日本人」，哈哈哈（笑）。那真的是有點言過其實，若是要說的話，也是從台灣人來說會比較好。

提問者A 不過，現在日本的人才十分枯竭，不只是政治的世界，在財經界也十分枯竭。

李登輝 這樣不行啊！由台灣人的我來講述武士道。不過，我還真的是想對你們說「到底在幹什麼啊」。繼新渡戶稻造先生之後，由李登輝來講述武士道，這樣真的好嗎？

提問者A　終究，李登輝前總統閣下的人格為人們所仰慕，您的精神已經很明顯地超越了國境。

李登輝　我本來是想要成就更大的工作啊！台灣直到現在都還不是很穩定，真是不安啊！未來真的沒問題嗎？

「沒有信仰之人不應使其繁榮」、「抱持信仰之人必須挺身而戰」

李登輝　不過，幸福科學還在進行各種贈書，組織各種活動，我能夠做的事，已經沒有那麼多了。後事就交託給你們了。

但願蔡英文女士他們守護台灣的心境不要變得薄弱。若是幸福科學、幸福實現黨能夠支援台灣的話，我就稍微可以安心一點。這應該是我老後的最後一項工作，總是得要再多增加能支援台灣的國家。

北京政府總是在試圖減少與台灣有邦交的國家，一直在利誘那些國家，說著「我們的水很甜美喔！台灣的水很苦澀啊！」一步一步地以利益引誘，使其與台灣斷交，藉此孤立台灣。

在這個時候，日本的幸福科學、大川隆法總裁，不顧逆風、獨排眾議，表示「必須要支持台灣」、「中國那般做法實在要不得」。第二次世界大戰時，中國國內滿目瘡夷，過去日本對中國進行援助，這本身並非是壞事，那終究是希望中國能夠加入自由主義、民主主義的國家陣營。當時的日本認為，必須讓中國具備某種程度的經濟力，讓中國人具備獨立思考的能力，否則就無法加入自由主義的國家陣營，那時亦有眾多的日本企業進到了中國幫忙。但沒想到，當時中國所賺的錢，全都被使用在毛澤東的先軍政治上，用於擴充軍備，以成為霸權主義國家為目標。至今威脅鄰近國家，實際上亦有被侵略的國家，今後仍會覬覦其他地方。

當時日本可不是為了幫助中國去做這些事，而去協助經濟發展的啊！我想美國當時也沒有為此而幫助中國吧，日本殖民時期的台灣，反倒是比較幸福啊。變成像這種惡魔般的帝國，怎麼可以允許其繼續發展！

所以說，我認為「沒有信仰之人不應使其繁榮」。怎麼可以這樣讓無神論、唯物論持續廣佈下去？抱持信仰之人必須挺身而戰才行！

再過不久，日本就必須從美中當中做出選擇

提問者A　很遺憾地，無神論、唯物論仍持續跋扈蔓延於日本。

此外，關於此次李登輝前總統閣下的葬禮，菅官房長官很早就宣言「日本政府不會派出特使參加」。我認為作為日本「武士」，那真的是令人感到羞恥的發言。那段發言，完全只考量到中國的看法，進而想著「日本做出這樣的表示，應該就沒問題吧」，真的是象徵日本是一個軟弱的國家。

李登輝　總之，日本政府不想做出判斷，但美中現在從「對立」走向「對決」，再過不久，日本就必須從美中當中做出選擇。

如果想要討好雙方，不讓對方看到自己的樣貌，感覺可以披上「透明披風」將自己隱藏起來的話，那就是大錯特錯。這可能會成為安倍長期政權當中，最大的污點。

如此態度，雖然能在經濟上獲取利益，但「作為一個國家，無法判斷何為正確」的話，那真的是非常可悲。

然而，現在不管是美國，還是歐盟、義大利等國，如今都陷於新冠肺炎的嚴重疫情中，在這過程當中，「其他的國家都陷入疫情之苦，而罪魁禍首的中國，現在卻想要增強軍力，虎視眈眈地試圖侵略他國。不可漠視中國軍事演習，對鄰國施加的壓力」。這是日本應該做出的清楚判斷。

但現在日本卻只讓自衛隊稍微研究一下對策，政府自己裝作沒有那回事！啊啊～那根本不像個「武士」！

「中國船隻連續百日以上，航行在尖閣諸島附近」是侵略行徑

提問者A 現在中國船隻已經連續百日以上，航行在尖閣諸島附近，報紙也報導「已經破了連續紀錄」。對於這個尖閣問題，在前次的李登輝總統的守護靈靈言當中也提到「就把中國船隻給擊沉就好了」。這個終究必須……。

李登輝 哈哈哈（笑）。對於知道昔日強大的大日本帝國海軍的我來說，要是中國對於日本做出那種事的話，當然會說「把船給擊沉就行

了」。為什麼日本會這麼軟弱呢？

如果他們是航行在自己的領海，那是另當別論，但若是航行在他國領海的話，那就算是侵略啊！「連續百日的航行」，那就把它給擊沉就好了，那可是侵略啊！

這就好比小偷每晚都闖入家中，若是警察說「啊！已經來了一百天啊？如果能連續來個一年的話，那就請再過來」的話，稅金就不會再挹注到警察那邊了，因為根本就沒在工作嘛！

提問者A 是啊！此外，最近美國龐培歐國務卿針對中國主張擁有南海的主權一事，發表了強硬的回應，表示「中國違反了國際法」。但對此中國的反應，與過去相比表現得較為軟弱。美國的態度越是強硬，中國就表現得弱勢。但是，日本始終是投機主義，表現出不靠近任何一邊的態度。

李登輝 中國現在正等待美國大選的結果，所以在態度上不會去刺激美國。川普如果落選的話，接下來美國的立場一定會有所改變。中國一定在盤算，如果未來交涉的對象是拜登的話，中國一定會位居優勢。在那之前，不可以太過於刺激美國，以免對川普有利，所以和過去的做法相比，現在中國稍微把爪子收起來一些。

提問者A 在昨天的「秦始皇的靈言」中，他說「中國將會同時拿下沖繩和台灣」。對於這般中國的想法，日本應該要有何作為呢？

李登輝 做好該做的事不就好了嗎？該做的沒做，老是在煩惱不知該如何是好，這實在是很不負責的說法。

老是把守護自己國家的責任全都丟給外國的話，我真的想對日本政府說「你們是帛琉群島當中的酋長，只治理一千人左右的國家嗎？」

兩千萬人左右的台灣，都導入了戰鬥機、導彈，以一個刺蝟的狀態防衛著自己，過去的大日本帝國，都跑到哪裡去了啊？

或許是敗給了美國，但可沒有輸給其他國家啊！日本可是贏了英國，也贏了法國，就連德國、俄國也贏了。

當時只要再給中國一擊，中國就會倒了。說到日本軍，其實力可是「一個日本兵」對「一百個中國軍人」啊！當時就是有著如此懸殊的實力差距啊！

那時中國軍人只要聽到日本軍來了，大家都紛紛丟掉武器，落荒而逃，日本真的很強大啊！和當時相比，現在的表現實在是太過極端了啊！

我沒有說要日本去侵略中國，但若是中國對我國的國土……，領土、領海、國民，打算伸手染指的話，那就必須加以阻止才行。

從「世界的正義」來說，不可允許北韓綁架日本人

李登輝 若是從戰前的常識來看，像北韓那樣綁架日本國民的行逕，是完全無法想像的事。如果做了那種事，剛好就成為大日本帝國攻擊北韓

的最佳理由。

如果北韓高層還是國家主席什麼的，認同北韓綁架了數十人、上百人的日本人的話，那就應該要予以「空襲」才行，那是理所當然的！一定要把平壤變為一片火海才行！「把人還回來！若是不還人，就再繼續轟炸」，得做到這種程度才行。

這是理所當然的正當防衛！如果自己國家上百人的國民被綁架的話，那麼那個地方可真的就是鬼島啊！就連桃太郎都會帶著小狗、猴子、雉雞，潛入鬼島戰鬥啊！怎麼能夠允許有人做出那種掠奪暴行啊！

保衛自己國家的人民，這可是出自於「日本的正義」，也是「世界的正義」啊！

提問者A 是啊！那是國際社會的常識。

3 被國際社會孤立的中國

中國「介入美國總統大選」、「操縱輿論」、「病毒攻擊」

提問者A　方才您有提到，中國在等待美國總統大選結果出爐，關於美國總統選舉，您是如何看待的呢？

李登輝　有大量的中國資金流入拜登那裡，中國暗地進行非常多支援拜登的工作，還將觸手伸向那些攻擊川普的媒體、政治評論人等等。

他們盡是想著如何才能讓川普落選，並且把那些錢當作取代「核武戰爭」所用。

美國現在驅逐出那些有間諜嫌疑的傢伙，或是封鎖了中國大使館，但是我覺得僅做到這種程度還是不夠，因為中國是真的想要介入美國選舉。

前陣子美國因為一名黑人之死，而引發了各地的暴動，但是在其背後，中國人從中作祟，試圖讓混亂更加擴大。

他們在國外做著於自己中國國內做不到的事，就像是在香港做的事。之後，又擴大渲染報導「美國的暴動比香港還要更嚴重喔！」

然後，中國又大幅報導日本九州的洪水，對於中國長江的氾濫，盡是說著「現今政府已施以對策，沒有問題」，對於日本的情形，抱持著同情的態度，「真是不得了啊！可憐啊！」那也是因為日本ＮＨＫ電視台拚命地播放反日的報導，但「中國有五千萬人因長江洪水而避難」的狀況，完全沒有新聞媒體敢報導，所以人們無從得知慘況。雖然有太多人用手機拍下來，但那些畫面完全沒有在媒體上播放。由此可知，到底有多少網路警察在監視著。如果被發現上傳那些影片，一下子就會被帶走，送入強制收容所。

所以說，中國打算打資訊戰啊！中國認為只要能操縱資訊，就能把民主主義給打倒！

現在美國川普的選情不是很妙啊！他遭受到了非常龐大的資訊攻擊啊！

提問者A 我認為若是拜登當選了美國總統，中國就會再次狂妄起來。因此，在總統大選前，您認為美國會發動攻擊嗎？

李登輝 我想局勢會越來越緊繃，美國現在把軍隊調往亞洲。不過，美國國內現在正被病毒攻擊，四、五百萬人罹患，十五萬人以上身故。

這幾乎可以說是一場「戰爭」了，就像是赫伯特・喬治・威爾斯（Herbert George Wells）小說當中所寫的「宇宙戰爭」。在國內與新冠病毒對抗時，美國是否有餘裕管到他國之事？那不但會花上大筆金錢，今年美國的ＧＤＰ又比去年差一大截，這樣還能管到海外的事嗎？我想美國會受到中國這樣的揶揄。

所以說啊，兩國雙方都有痛處啊！

習近平主席不了解民主主義的基本構造

提問者Ａ　從最近的時勢來看，對中國共產黨射出最大的一支箭，我想即是「台灣的總統選舉」。

李登輝　啊！是。

提問者Ａ　台灣透過選舉選出了最高領導者，但在中國的歷史上，沒有看過國民選出領導者的例子。

李登輝 是啊！

提問者A 中國未曾透過選舉選出領導者，但台灣卻實行了，而這是李登輝前總統過去您所推動的。

李登輝 嗯、嗯。

提問者A 這對中國共產黨來說，在戰略上是巨大的一步。

李登輝 當時還真是很慘烈啊！

不過，若是習近平想要舉行選舉的話，或許他會真的舉行，但屆時反對派的人應該都會被檢舉入獄。反對派的領導者，全部會被檢舉關入大牢裡。

此外，那些想要搞運動的人也會被檢舉，最終人們只能去投贊成票。跟現在香港一樣，即便民主派想要推出候選人參選，最後也不被認同參選資格，這樣怎麼可能會當選？

習近平根本不了解民主主義的基本構造，比起想要建立一個「大有為的政府」，他更想建立一個「能夠完全支配的政府」。

提問者A 在這層意義上，我認為您真是抱持著「打倒中國這個極權主義帝國」的戰略。

李登輝　不，我們有那般力量，這個國家這麼小。十四億人對兩千數百萬人……。

提問者A　我認為現今「小」有著推倒「大」的可能性。今年之所以中國的態度變得那般強硬，我認為是起因於今年的台灣總統選舉。

李登輝　當時中國極度想要加以阻擾。

提問者A　是，選舉之後中國變得更為強硬，又發生了香港問題，對台灣說著

「若是試圖獨立，將不惜發動軍事攻擊」，法律（反分裂國家法）也是那般訂定，而今年五月中國又再次對此強調，想必是受到了相當大的刺激。

李登輝　有時台灣人會自稱「台灣省」，要叫什麼是無所謂，但看看香港的現狀，要知道「未來是有可能會變成那樣啊！」因此，若是被併吞的話，中國大陸來的一幫人，絕對會在台灣實行像是屠殺豬隻的政治。那實在是太悽慘了，看看現在的香港就知道了，真的是讓人感到厭惡啊！

中國共產黨的弱點，就是習近平主席是「國際關係音癡」

提問者A 從您來看，現今中國共產黨的弱點，或者是說「如果要發動攻擊的話，就要攻擊此處」，您認為是什麼呢？

李登輝 終究習近平是一個「國際關係音癡」，必須要在國際上使其孤立，也必須要發出那般言論才行。

日本當中只有保守派的產經新聞報等媒體，具體發出那般言論，但其他媒體的立場就曖昧不清，老是想著如何在與中國的關係當中存活下來。

朝日新聞的「胯下」應該已經裂掉了吧？他們一方面說著「香港的

人權很重要」，一方面又強調日本與中國之間關係很重要，「日本不應該進行軍事上的準備」，他們幾十年來都是這種論調。但是，關於「何善、何惡」，在幸福科學的靈言當中，不是已經清楚明白地指出「毛澤東之後的政治體制」是錯誤的嗎？日本真的是實行著沒有信仰心的政治，一旦試圖講述信仰心，就會被外界說「那一點都不科學」，真的是被唯物論牽著鼻子走啊！你們不是因此才興起「革命」的嗎？得要獲勝才行啊！

提問者A 真的是如同您所說的那樣。

中國政局並非堅如磐石，內部累積了眾多的鬱憤

提問者B　請問，中國……。

李登輝　B先生終於開始講話了……。

提問者A　請說。

提問者B　是，謝謝您。李登輝總統過去曾多次提到，中國長期實行了數千年的專制體制。

李登輝　嗯嗯，是這樣啊！

提問者B　也就是說「沒有實行民主主義」。

李登輝　是啊！

提問者B　然而，李登輝總統在台灣建立了範本，向中國展現了模範之姿。關於今後的中國，請教您是否有著任何能使其自由化的劇本或者是展望呢？

李登輝　我不知道能否做到那種程度，現今光是不讓台灣被拿下，就已經非常拚命了，不知是否有能夠做到那種程度的影響力。

不過，在導入民主主義之前，首先必須先讓人們擁有「言論的自由」，否則都是空談啊！

看起來中國政局堅如磐石，但到處有著反政府的勢力，抱持著反政府想法的人們啊！實際上，有一大堆人曾留學過美國。雖然他們表面上遵從著政治體制，但內心想的可不一樣啊！也有一大堆人來過日本啊！他們內心想的可是另外一回事。

如果他們自由地出書的話，一下子就會被逮捕。所以，在實行民主主義之前，必須優先導入「言論的自由」。

之後，就應該賦予人們能於行動展現「政治上表現的自由」，若是無法做到這一步，就離民主政治還非常遙遠。現在中國內部可是累積了眾多鬱憤啊！

中國對於周邊國家的侵略行徑，與德國納粹如出一轍

李登輝　現今中國似乎被國際社會有所排斥，說跟中國是朋友關係，又好像沒有到那種程度。能夠清楚地說，和中國不是敵對關係的，只有北韓、俄國、伊朗而已。

其他國家也並非絕對是中國的敵人，但又沒有到那種一定會加以支援的關係。但俄國、伊朗，也害怕被國際社會孤立，所以也不太明目張膽地支援中國。此外，依靠中國資金維生的國家，只是與中國利益上的連結而已。

沒有任何一個國家，想成為像中國那樣的國家。

現今中國正試圖從周邊，強取豪奪不丹這個「幸福的國家」。若是拿下了不丹、尼泊爾，中國就能直接布局於印度鄰接之處。接下來，他們準備與印度打仗。或許還會與美國打仗，但「印度對中國」的一仗應該不久就會出現。為此，中國想要先行拿下作為前線基地的不丹和尼泊爾，這就是他們那些傢伙的思考方式。

這種侵略主義的行徑，和德國納粹的作法如出一轍。嘴上說著「怎麼可能會做那種事」，但卻是接連做著各種壞事，並且老是跟外界表示「這些全都是中國的內政問題」。

常見的說詞，首先就是「核心利益」。「這個是中國的核心利益」、「南海是中國的核心利益」、「釣魚台是中國的核心利益」、「沖繩是中國的核心利益」，講得像是「自己領土當中的問題」，對於侵略的行徑，盡可能地隱藏起來。

你們說「中國不知道納粹做了什麼」，但我想是他們也不想去知道吧？他們總是說著「中國從以前就是這樣」，甚至還認為「在過去成吉思汗、忽必烈的時代，大中華帝國的領土，還擴及半個歐洲呢」。

從元寇時代就不了解「國際社會當中的戰法」的中國

李登輝　此外，過去元寇還曾進攻過日本吧？也就是所謂的兩度「蒙古來襲」。當時日本的鎌倉武士與其正面對決，藉此也確立了武士道。

當時颳起了神風，在夏天作戰了一個月，的確會出現颱風。

站在前線的武士真是偉大，沒有被颱風擊敗，構築堡壘持續作戰，在元寇苦於不知該如何是好之時就予以擊退。元寇的後勤支援根本就跟不上，只好就只能撤退。

當時高麗的造船術十分落後，沒有能夠足以抵抗颱風的軍船，如果天候良好那是另當別論，但若是遭遇颱風，船隻就必定會沉沒。

元寇只知道地上作戰，只熟悉作為「草原霸王的作戰方式」，但他們完全不知道如何在海上作戰，完全不知「維京海盜的戰法」，而現今中國似乎也是這樣。

中國老是說著「要搞一條現代絲路」，但似乎完全不了解「如何在國際社會中取勝，如何獲得多數意見取勝」，中國根本無法區分

「國內法」和「國際法」的差異。

雖然美國也有一點那樣的傾向，但雖是如此，美國在這百年期間，可是成為了世界的領導者，其實際成績可是跟中國有著明顯的不同。所以，中國所說的「世界標準」只適用在中國內部，不適用在國際社會中。

4 讓中國成為一個有「自由、民主、信仰」的國家

沒有「報導自由」、「言論自由」的國家所發表的「官方數字」，無法令人相信

提問者B　想向您請教關於如何應對中國的方法，數年前拜訪您時，當時您說「無法相信中國的ＧＤＰ是世界排名第二名」。對於島國的日本人來說，有時不知該如何應對在外交上有著異常想法的人們。我想您有著眾多想要建議日本人之事，能否請您賜教？

李登輝　中國既沒有「報導的自由」，也沒有「言論的自由」，在如此狀態下，中國政府卻一直發表著「官方數字」，那怎麼可能具有公信力啊？所以，中國的靈人來此所說的「靈言」，其內容才算是真的啊！

所以，過去日本這三十年的GDP幾乎停滯，只成長了一點五倍，但人們不覺得「只有中國的GDP成長數十倍」是很奇怪的嗎？所謂的貿易，應該是雙方都會出現利益才對。

如果說「只有中國國內有所發展」，那麼中國人的生活水準應該變得很高才對啊！但如今他們仍然在煩惱「現在要如何才能蓋好沖水式廁所」，這樣怎麼可能是世界GDP排名第二名啊？

如此大幅度地操弄數字，真實的情況已經誰都搞不清楚了，公務人員只會報告「數字就如同國家計畫的那樣」。你們也要小心，不要變成那樣啊！

李登輝前總統所見之日本人與中國人在價值觀的差異

提問者B 也就是說，中國人盡是在說謊……。

李登輝 基本上都是在說謊。

提問者B 您真的是說出了中國的實情，對此，日本人真的是都不理解。

李登輝 日本人真的是……。

提問者B 我感覺李登輝總統真的是非常了解中國的狀況。

李登輝 我跟中國人不一樣的是，我在二十二歲之前是日本人。我在日本所接受的教育等等……，該怎麼說呢？當時在日本受到的教育就是「有神的存在」、「在神的面前，不可抱持著羞恥的人生態度」。但中國人就不一樣了，中國人就是活在個人主義裡，做什麼都只是為了自己的利益。

如果有共同利益的話，那還另當別論，一旦利益有所衝突時，就會互相叫囂。好比他們夫妻吵架都不在家裡吵，都會刻意跑到路上，吵給附近鄰居看，引發騷動。

到了國家層級也是一樣，中國官方發言人一站在媒體面前，就是一股腦地對外國政府徹底地批判、非難，完全不認為自己哪裡有錯。看看日本政府又是怎麼說的啊！不管是內閣發言人還是誰誰誰，對於中共的發言都只會說「深感遺憾」，要不就是「我們會再研議對策」。

中國政府都在扯謊啊！可是日本政府不但不反擊，甚至於要是被左翼媒體施壓的話，還會說出自虐的言論。

為了讓日本成為世界的領導，必須要進行「精神革命」

李登輝　前一陣子，韓國不是做了一個「安倍首相向從軍慰安婦下跪道歉的銅像」嗎？

日本的航空自衛隊在幹什麼啊？不是應該發射幾枚導彈，把那些銅像摧毀嗎？蓋多少次，就摧毀多少次。

現在的日本完全都被看扁了啊！對方想說什麼就說什麼，日本卻默默地什麼都不說。這樣默默地什麼都不說，其結果就是對方以為日本全部都默認了。

但是現在蔡英文既導入了飛彈，又導入了最新式的戰鬥機，這就是向中國表態「若是中國想要侵略的話，台灣也會正面應戰」。至少，在聯合國軍隊前來支援之前，台灣自己還能撐住，反觀日本什麼也沒考慮。

韓國之所以變得那麼的強勢，是因為韓國端出「陽光政策」，試圖與北韓和平相處，成為一體……。韓國盤算著只要對北韓採取經濟援助，就能使用北韓的核子導彈，如此一來日本就會害怕核武，完全沒把日本看在眼裡。

對此，如果日本連加以喝斥的力量都沒有的話，怎麼可能作為一個領導者國家，對世界講述意見呢？

所以，無論如何都必須要進行「精神革命」才行啊！先是精神革命，之後就必須要「透過行動」進行革命。

提問者A　為了保護台灣不受中國威脅，其核心就是「精神革命」嗎？

李登輝　至今我寫了眾多書籍，發表了眾多言論，展現了親日的態度，此外我還成為了基督徒，教導台灣的國民「必須理解世界上民主主義國家的價值觀，我們必須也要如此營運國家」。至今的作法，讓台灣與中國之間的關係，就等於是「水與油的關係」，向中國傳達「沒有那麼容易就能合併在一起」的訊息。

但是現今在日本，那般言論還未變成主流。

自己保護自己的國家，是第一階段理所當然的事，但在之後，還必須要思索「世界當中的善惡」。作為一個有責任感的國家，必須要做到「若是弱小的國家有可能被抱持著邪惡想法的國家侵略的話，為了能加以抑制，就必須要大聲地講述意見，使用經濟力加以經濟制裁，甚至是在軍事上亦要加以支援」。

雖然現在日本對菲律賓、越南等國，提供巡邏艇的援助，但實在是感覺不到日本對中國展現了強硬的態度。

中國的大學教育內容「偏離了國際基準」

提問者A　我認為您也改變了台灣的「教育」，將台灣改變為親日的國家，也是您的貢獻。您認為國家的強大，跟教育之間有著何種關係呢？

李登輝　我認為「教育」，會因為該國的自信程度而有所變化。

然而，必須要小心中國的教育才行，中國老是說著北京大學、清華大學在國際上有著非常高的學術地位。當然，中國的人口很多，篩選倍率甚至會超過一百倍，但即便有著很高的篩選倍率，教導的內容都是和政府發表的如出一轍，完全偏離了國際基準。

所以，中國的大學都是「洗腦度的偏差值」啊！依據「洗腦度的偏差值」來決定何為名府高校。即便是「去美國留學」但那也是基於「去充當間諜」的指令下而為，真的是「蟑螂帝國」啊！

日本必須自主獨立，「成為一個像樣的國家啊！」

提問者A　希特勒當了五、六年的總統之後，就占領了巴黎。法國記取被納粹占領的教訓，學習到「為了祖國的自由，國民必須誓死加以維護」，此為當時的法國作家所說（安德烈・莫洛亞 André Maurois 著作《法國的戰敗》）。

當我回顧過去的法國之姿，就會想起李登輝先生曾說過的話。

李登輝

在被當作奴隸之前，若是自甘墮落想成為奴隸的話，那就難以拯救了。

所以說，如果日本自甘成為「美國的奴隸」或「中國的奴隸」的話，那就和韓國沒什麼兩樣了吧？韓國就是那樣的國家。日本已經是這般大國了，該是要自主獨立了吧？「被美國占領，成為奴隸」，這實在是太不像話了吧！

現在美國的經濟狀況變得嚴酷，正跟日本說著「美國想要消減軍事預算，希望日本能負擔費用」，這個就是絕佳時機。此時就是獨立自主的機會，自己國家的事情自己決定，並且終究要和他國有著對等的外交來往。

以前美國還曾對日本防衛大臣的任命插嘴，說什麼「那個女性的防衛大臣靠不住，給我換一位」，日本竟然還真的換了一個男性的大臣。

真的是想要向日本說一句，「要成為一個像樣的國家啊！」

「信仰」能讓人身心安定，且讓人有所提升

提問者A　您曾說過「領導者必須要有著信仰」。「為了讓國家真正的強盛、獨立，信仰能發揮何種作用」，對此能否請您賜教。

李登輝　首先，信仰能讓人身心安定，此外還能使人有所提升。若不相信「尚有高於世間之人的存在」，人終將會不斷地墮落下去。

特別是當世間橫行著邪惡之人時，若是沒有樹立信仰的話，真的是無以保護自己。

把那樣的中國搞得這麼巨大化，真的是……。當時若是有具慧眼之人的話……，實在是太遺憾了。嗯……，真的是不可幫中國幫到那

種程度啊！

對於那不斷擴張軍力，連氫彈都能擁有的國家，幹嘛還援助那麼多的資金？日本過去不是曾對中國進行大規模的「日圓貸款」嗎？雖然是打算幫忙興建水庫，但把錢給那個國家，最後錢用到了哪裡，都無從得知。

即便中國接受了日本的援助，也完全不會報導給國民知道，中國真的是「披著人皮的怪物」。

提問者A 是啊！

建立自由經濟之前，不可或缺的「倫理學」、「道德學」

提問者A　之所以讓中國變成那個樣子，我認為在經濟學上的思維出了問題。大川隆法總裁教導了「人的溫暖的經濟學」，提示了在新冠疫情之後應有的想法。之所以讓現今跋扈的中國變得如此強大，我認為就是因為「只為了『利益』的經濟學」橫行於世界當中。對於現今那般「沒有溫度的經濟學」，您是怎麼認為的呢？

《人的溫暖的經濟學》（幸福科學出版發行）

李登輝　我想亞當・史密斯的理論，即是「近代經濟學」之本吧！當時他提出了「自由貿易論」。「藉由『眼所不見的神之手』，進行適切的貿易、交易、買賣，進而相互產生利益的自由經濟是沒有問題的」，他在端出這如此經濟理論之前，他還講述了「倫理學」。他首先提倡了人類的倫理學，告訴人們必須遵守作為人的倫理。他講述了「道德情操論」，鞏固這般倫理學的概念之後，才透過經濟學講述自由經濟的重要。

我認為這是正確的順序。如果沒有那般「倫理學」、「道德學」，就直接進行自由貿易的話，那就會導致只考慮惡事、奪取利益的「阿里巴巴的經濟學」流行於世間，也就是肯定會出現「盜賊經濟學」。

「只要能獲取利益，就算欺騙，也值得去做」，人們基於這種想法，會把贗品塞給對方，獲取高額利益。如此一來，即便對方受損，自己還是能獲得利益。不管是正直地買賣，還是說謊、掠奪、付假鈔，只要自己能獲得利益，就無所謂。

所以說，在進行經濟學的自由經濟之前，必須要先學會倫理學、道德學。而從他們歐洲的人們來看，在那般倫理學、道德學之前，人必須要先樹立基於基督教的信仰，才會出現倫理、道德。

若是日本沒有宗教信仰，倫理、道德就會變得很模糊，於是就會變成「只會了利益的經濟學、貿易」。還有，現在日本的學校教育，不是都在教導著「日本戰後的發展，就是因為捨棄了軍事，在經濟上才有長足的發展」？

但是，那樣是不行的，不可以只為了利益。

不過，若是現在是處於什麼食物都沒有的貧困狀態的話，為了能夠存活下去，不管做什麼努力都是必要的。不管是「黑市經濟學」，還是從有錢人的家中偷出金幣，站在屋頂撒給人們的那種「盜賊經濟學」也罷，都比餓死還要來的好。

然而，一旦能開始過著正常生活的話，「衣食無缺之際即要知禮節」就變得理所當然了。對此不可不知啊！

不斷重複「叛亂」、「革命」的中國歷史

提問者C 今天非常感謝您。

幸福科學集團想要創造一個「自由、民主、信仰」的世界，我們亦認為中國應該要重生為一個有著「自由、民主、信仰」的國家。但另一方面，中國的領導階層強烈地認為「若是給予民眾自由，就會引發叛亂。與其如此，應該交由上位者統治」。李登輝前總統閣下讓台灣走向民主化，能否請您講述「人們有著自由的重要性」？

李登輝 嗯……，中國本土的歷史中盡是充滿著叛亂、叛亂。雖然有許多叛亂被弭平，但一百次的叛亂當中，大概就會有一次是「革命」。

如果革命沒有成功的話，國家就會分裂，如此一來之後就又會想要統一。若是創建了統一國家的話，就會變成專制君主制，必定會出現獨裁者。若是接連出現獨裁者，大概換到第三代，人們就會感到厭惡，進而想要推翻政權。

為了摧毀叛亂之芽，獨裁者會拚命增加警察、軍隊。中國這種歷史已經持續了幾千年，卻從來沒有出現過民主主義。

當時毛澤東的共產黨，稍微表現出「像是實行著民主主義的樣子」，但其實人們根本就是被欺騙了。見其結果，共產主義的惡劣之處……，或許共產主義也有其優點，不過現在在中國完全看不到實行了共產主義的優點。

實際上，在中國就是實行著「披著共產主義外皮的資本主義」，大家只在資本主義上拚命賺錢，卻根本沒有為了創造一個平等的國家努力。中國的貧富差距，遠遠地大於日本。在中國若是成為了政治家，就能擁有「幾百億」的資產，日本的政治家可沒有辦法擁有那麼多的錢。

那是一個能讓政治家擁有「幾百億」資產的國家，貧富差距那麼激烈，如果真的是共產主義國家的話，就得要將其摧毀才行。光是在中國當上市長，一下子就可以謀取到上百億元的資產。如果中國真的實行著共產主義的話，就得徵收高額稅金，將錢全部撒給窮人才行。

所以，那完全是說謊！實行共產主義也是在說謊！就算是資本主義，也是說謊！表現給外界看自己是實行民主主義，那更是說謊！

說著「科學信仰」，但那僅是為了侵略他國的科學競爭罷了。中國老是竊取他人之物，老是從先進國家那裡偷盜技術，自己幾乎都不為他國貢獻，這實在是「無德」啊！政治上完全無德可言，連什麼是「德」都不知道。太丟臉、太可鄙了！《毛澤東語錄》之後的所有行徑，都是被持續洗腦後的結果。

台灣之所以能夠民主化，「是因為戰前日本的良好統治」

提問者C 那樣的國家要走向民主化，我認為是相當地困難。此外，不只中國，實際上在中東地區，即使發生了「阿拉伯之春」的民主化運動，但現在的政局仍舊處於不安定的狀態。能否請您明示，台灣之所以能夠成功地民主化，其最重要的關鍵是什麼？

李登輝

那是因為台灣在戰前有著日本的良好統治。不僅讓國民有著較豐盈的生活，在知性層面上……。雖然現在用英語亦能夠學習，但是幾乎沒有任何東西，是用日語學不到的。

懂日語，即能夠接近世界上各種的「想法」、「思想」，或是「政治原理」、「經濟原理」、「哲學原理」等。我過去可真的是用了日語閱讀那些原理，也讀了歐洲哲學等等。用日語就可以讀了，即便看不懂英語，還是可以用日語去讀，很方便。

明治時期之後學者們的努力，以日語介紹了世界各地的優秀思想。人們學習了日語，之後就能知世界之事。這真的是十分令人感激，讓國家的文化水準大幅提升。

中國的共產黨真的和過去秦始皇的「焚書坑儒」幾乎沒什麼兩樣。「挖個洞穴，丟入儒教的書物，放火焚燒」，現在中共的行徑跟過去沒什麼不同。

當沒有辦法讓自己在政治上利用的人，全都使其消失，不僅在中國國內出現相當多的受害者，就算是國外的新聞報導，只要是出現和中國敵對的內容，全都使其變成黑幕，不讓它給人們看到。報紙等媒體，更是不可能全然地交由民間辦報，盡是這些惡劣行逕。

如果香港一下子被中共壓制的話，就無法像過去一樣自由地講述意見，連張貼傳單的自由都會變不見。這實在是太恐怖了！在地獄當中的秦始皇，一定在背後對中國進行諸多指導。那些傢伙自己想要成為神，根本就不甩已經存在之神的權威。

所以說，過去日本統治時期，台灣的文化水準因日本而有所提升，此外受到了明治時期以後日本人的教導，也學習到經濟上變得富有的方法，農業的生產性也提高，商業交易也很繁盛。

此外，因為人民的水準提高，成為了得以實行民主主義的基本。並且，姑且我也成為了基督徒，蔡英文女士也是基督徒，這是一個基督徒能夠堂堂正正成為領導者的國家。我們能夠理解西方的價值觀，從西方來看，我們也有值得其信賴的部分。

重視「政治家宗教信條」的歐美各國，將「宗教信條掩飾不提」的日本

李登輝　然而，換成是日本，雖然或許也有政治家是基督徒，但若是平日大喇喇地說自己是基督徒，就很難成為政治家了。即便是佛教徒，也不會在人前表明自己是佛教徒。所以，即使是接受了宗教的奧援，但在表面上絕對不會做任何的表明。

因此，像你們幸福實現黨那樣，堂堂正正地挺起胸膛說著「我們是宗教政黨」，在選舉當中就會屢戰屢敗。而現今日本的媒體，也認為敗選是理所當然的。

但是要搞清楚啊！不管是歐洲還是美國，為了知道此人是何種人

格，就必須要知道此人抱持著何種宗教信條。見其宗教信仰，就知道應該如何看待此人。所以，那是不可以加以隱藏的。然而在日本卻是掩飾不提，平日盡是接受各種宗教的支援，腦袋盡是想著如何才能多一張選票。這就是現在最可鄙的地方。雖然一部分是惡性教育的問題，但媒體也很惡劣。對此，必須要加以粉碎才行，大川總裁現在不就是一人在與其對戰嗎？

提問者A 是。

5 關於「中國靈界」、「台灣靈界」

李登輝前總統，為何會生於台灣呢？

提問者A　請允許我改變一下話題，請問您在過世後，是否有回顧此生的時間呢？

李登輝　只有一點點的時間，嗯……，只有一點點時間而已。

提問者A 當時是有什麼理由，讓您選擇轉生於台灣的呢？

李登輝 唉……（嘆氣聲）。你這麼問，聽起來好像是我做了什麼吃虧的選擇，這有點（笑），……。

提問者A 我個人猜想，當時您是否抱持著「以小搏大的戰略呢」？

李登輝 嗯……，我想天上界中有著各種各式的計畫，有一部分人們或許考慮到了萬一中國共產黨拿下天下的危險性，所以才讓我和蔡英文等人成為反對勢力……。

提問者A　是啊！

回顧前世的「克倫威爾」與「龐統」的工作

提問者　在上次的守護靈靈言中，得知您的前世是非常偉大的……。

李登輝　不，沒有那麼偉大，過去可說是性情乖僻的人生。

提問者A　克倫威爾是羅馬時代以來，首次在英國建立共和制，也是首次在歐洲建立共和制之人，對後世的影響，歷史上也出現了各種評價。

令我吃驚的是，渡部昇一先生將克倫威爾評價為「英國最厲害的軍事天才」。而（三國志時代的）龐統也是位偉大的軍師。

李登輝 嗯……，但都沒有做得很成功啊！

提問者A 沒有那回事，都很成功啊！

李登輝 不……（夾雜著嘆息聲），當時只有諸葛孔明很努力，龐統幾乎沒做到什麼事情。

提問者A 不，好比「拿下成都」、「一定得拿下那個地方才行」，這些都是龐統向劉備玄德的建言。我感覺龐統是一個擁有巨大使命的靈魂。

李登輝 差不多就只是做到那種程度吧！在三國時期，「就算只剩蜀國，也要好好堅守」、「必須要有著正確信念的國家」，我只做到那種程度而已。

當時在英國的革命，殺了國王之後，不是又出現另一個國王？那個時候清教徒的思想，之後一定也流傳到美國等地了吧？我想我的靈魂過於追求純粹之物。相對於清濁併吞，我有著想要清楚表示「這就是正義」的靈魂傾向。

日本應該對於讓亞洲脫離了殖民地主義抱持自信

李登輝 （看著手中的資料）雖然這裡寫著我有著「溫和的性格」，但我不清楚實際上是否真的溫和，或許我是一個只能在正義的旗幟下而戰之人。

在過去日本的大東亞共榮圈的想法之中，我也有著與之共鳴的部分。我不認為日本是一個邪惡的國家，也不認為日本人是邪惡之人，侵略了其他國家，要求站在同一陣線而戰。若是日本當時不挺身而戰，亞洲各個國家就無法逃脫出歐美的殖民地掌控。

因此，雖然日本和那強大的美國打了仗，但透過那一場戰爭，美國知道了日本的厲害之處，也明白了不應該根據膚色，也就是根據白人或黃種人等去決定優劣。

在沖繩戰役之前的南方戰線，真的是一場非常激烈的戰鬥。

日本軍人在硫磺島、塞班島等地死守陣線，雖然最終打了敗仗，但他們做出了超出美軍預想的反擊、抵抗，抱持著全軍覆滅的覺悟，「只要多奮戰一天，日本本土被占領或遭受空襲的日子就會晚一天」、「為了保護自己的家人、妻小，為了保留未來的希望，就算成為了屍體也要奮戰下去」。

他們在那像是火山島的地方，挖掘長約十公里的地下坑道，徹底抗戰。當時島上到處燃起火柱，就好像是刺蝟一樣。美軍登陸之後，心想「應該沒有任何一個日軍還活著吧」，可是竟然還是遭受了日軍猛烈的回擊，美軍出現了眾多的死傷者，真是讓人吃驚「到底為何還能奮戰到現在」？

我可沒有認為日本過去做的都是惡事喔！

過去歐美列強五百年的侵略戰爭，終點就是到美國為止。美國的戰役當中，雖然有些是為了正義而戰，但並非全部皆是如此。當時各個國家的狀態，已經壯大到無法讓美國將其變為殖民地。雖然夏威夷、菲律賓被美國拿下，但當時已經是歐洲殖民地主義快要結束之際，各國的力量已經逐漸壯大。這部分的歷史清算，尚未完全結束。

雖然現今世人是那般看待過去的日本，不過當時日軍把英國、法國、荷蘭等國從亞洲趕走的時候，當地人們並未以敵對的態度看待日本，反而是高喊萬歲、萬萬歲啊！因為「同是身為亞洲的人們獲勝了」。無論是菲律賓還是印尼，都非常高興啊！對此，我可是知道的，所以我並沒有認為日本過去做的都是惡事。

日本對於各國戰後的自立與發展，終究有著影響。過去即使各國被歐洲的話語支配，卻沒有任何發展，這是儼然的事實。唯一只有香港，因為有進行港口貿易，所以在經濟上有所發展。

所以，日本應該要更有自信才行啊！

台灣必須成為守護信仰的防波堤才行

提問者A 請問您這次回到靈界，有哪些人們前來迎接您呢？

李登輝 嗯……，因為也才第三天而已，所以……（笑）。倒是來了很多跟台灣有關的人們。

此外，也看到了和基督教有關的人們、已經過世的戰前軍人等等。

也才三天而已，所以還沒有那麼多……。

提問者A 現今在靈界當中保護著台灣的人們有哪些呢？

李登輝 在靈界當中保護台灣的人們？能夠保護台灣的，終究還是活在世間的人們吧？

提問者A 或者是說靈界當中，有人給予蔡英文總統靈感嗎？

李登輝 應該有一些是日本明治時期的指導者。此外，還有一些是耶穌系統的人們，終究他們認為中國是有著問題的，不管是基督教的耶穌，或者是天使們都這麼認為。我想他們認為「台灣終究必須要成為守護信仰的防波堤才行」。

提問者A　那麼，這也關乎香港嗎？

李登輝　我認為是有的。今年（二〇二〇年）是關乎香港是否會被中共「攻占下來」的關鍵時刻，這必定會成為國際問題。

在靈界是否和鄧麗君有所交流？

提問者C　出身台灣，在亞洲圈相當知名的鄧麗君女士，她被外界認為對於推動中國的民主化運動增添了力量。在您過世之後，有見過她嗎？

李登輝　我還沒有看到鄧麗君，或許再過一些時間，就能夠看到了吧（笑）。在她過來之前，我感覺到已經有很多人過來了。

對於這些歌手，雖然我感覺到有點遙遠，但不論是鄧麗君還是約翰・藍儂，他們在毛澤東的共產黨政府成立之際，就已經知道中共是站在神的對立面，進而唱了批判毛澤東的歌。約翰・藍儂生前就知道，如果在中國舉辦披頭四的演唱會，唱了「Power To The People」（把權力交給人民）這首歌的話，中國的專制政治就會瓦解。

在那些熱衷於藝術方面的人們當中，當然有著抱持那般想法的人，不過對於音樂、藝術，我不是十分了解。

「中國靈界」和「台灣靈界」現今處於各自獨立的狀態

提問者C 這是一次難得的機會，我想要向您請教有關台灣靈界的事情。現今中國與台灣是兩個完全不同的獨立國家，那麼靈界也是分成「中國靈界」與「台灣靈界」不同的系統嗎？

李登輝 嗯，現在就是這種情形。

提問者C 您的兄長戰死於菲律賓，靈位被祭祀於靖國神社當中，您與兄長見到面了嗎？

李登輝 啊，有見到他，嗯。

提問者C 您的兄長是作為日本人身故，他現在在日本的靈界嗎？還是存在於台灣的靈界當中呢？

李登輝 嗯……，原本中國、台灣、日本，都是人們可以轉生的靈域。雖是可以轉生的靈域，若是在世間的國家彼此過於對立，就會變得難以轉生在對立的國家。

你最好不要把「台灣靈界」想得太小，你是不是盡是想著台灣靈界就像是電影「神影少女」那樣，主角的雙親吃了豬肉就倒地身亡，之後又變成了豬……。那個場景是參考了台灣夜市的攤販，你好像把台灣靈界想成了那般模樣。

「不應害怕中國，必須正面迎戰」

提問者A 李登輝總統生前似乎特別「寵愛」著坂本龍馬。

李登輝 寵愛？寵愛是什麼意思？我有嗎？我才沒有寵愛啊（笑）。

提問者A 過去在您的談話中，感覺到他是您非常喜愛的人物。

李登輝　嗯，他的確是一位出色之人。

提問者A　觀察李登輝先生的前世（龐統）和坂本龍馬的前世（劉備玄德），就可明白兩位曾同時身處在三國時期的蜀國。如此一來，我就在想兩位是不是本來就很有緣分。

李登輝　嗯……。

提問者A　以靈魂的轉生來說……。

李登輝　嗯……，我在生前已經充分講述了我的想法，也寫了書，日本人也會讀我的書。

但是，日本和台灣斷交之後，日本和中國締結了正式的邦交。關鍵人物都是難以出現在檯面上的人。

一旦日本和台灣做出什麼官方的交流，中國就會禁止台灣人出入境，把人逮捕或是沒收資產，做出各種壞事。中國一直恐嚇台灣，如果做得太過頭的話，「台灣就會變成像是西藏、新疆那樣喔」。就是這樣讓人們感到害怕，進而一步一步地將其拿下。但終究不可屈於那般恐嚇，必須正面迎戰才行。

佛教雖然也不錯，但如果像是西藏那樣完全不想戰鬥的佛教的話，一下子就會被侵略。終究佛陀也不希望變成那樣，一個一個有著信仰的地方，都被中國拿下，真的是太要不得了。

所以，伊斯蘭教現今正在攻擊緬甸、泰國等地，不過當地的佛教徒會開始進行武裝與伊斯蘭教徒對戰。因為若是一個不小心，整個國家就會被拿下。的確就是這樣。

現在我能夠做的事情已經不多了，能夠講述像我一樣意見的人，大多都已經回到了天上界，所以能夠做的很有限。

去年（二〇一九年）大川總裁在台灣演講的時候，據說耶穌，也就是基督教系統的巨大之光降臨到了台灣。或許基督教的教義，現在更容易傳遞至台灣，佛教思想、道教思想也很容易於台灣廣佈。

我認為可以運用「基督教」、「佛教」、「道教」的教義，從內部去改變中國。

我雖然不是很清楚，聽說最近出現了洞庭湖娘娘，感覺很有趣。北京政府完全無法鎮壓如此靈性人物，她正試著興起中國內亂。即便中共威脅「要把洞庭湖填平喔」，但那般話語應該也是不痛不癢。

6 留給有志之士的話語

在中國內部也有同志

提問者A 具體來說，中國內部或者說共產黨內部有著同志嗎？

李登輝 啊啊，我認為有很多喔！

提問者A 有很多啊！

李登輝 我想有很多人是隱藏在其中。既有著不是共產黨的人，也有許多人是佯裝成共產黨的一份子隱藏在黨內。

提問者A 在共產黨的高層當中，也有這樣的人嗎？

李登輝 我認為在高層的都是被特別挑選過的人，並且被要求要宣誓效忠。一旦被發現有造反的跡象，轉眼之間就會被肅清了。

過去人們都不認為習近平的作法會那麼地狠，畢竟前幾任的主席都比較溫和一些。

在天安門的失敗，終究影響很大。當時支持天安門廣場上的學生們是叫什麼來著……。

提問者A 是胡耀邦。

李登輝 是胡耀邦，沒錯。那時他的下台※真的影響很大啊！

此外，毛澤東的政權之下，真的是充滿各種黑暗之事，暗殺事件層出不窮啊！

也因此，怎麼可能會出現第二大政黨？創黨之後，馬上就會成為暗殺的對象。

人被送進了中國的醫院，自己都不知道自己被注射了什麼樣的點滴，最後就以「病死」的名義了結。

※ 那時他的下台　1976年4月5日，以追悼周恩來為契機進而發生的第一次天安門事件中，被追究責任的鄧小平與胡耀邦下台。在那之後，以胡耀邦的死亡為契機而發生的1989年6月4日第二次天安門事件中，趙紫陽因為被追究學生運動的責任而下台。

「即使是無名之人，現今有志之士必須動起來才行」

提問者A　此次李登輝先生的發言，也有可能讓中國的有心之人聆聽，若是您有想要傳達給中國人們的訊息，還望您賜教。

李登輝　嗯，我想中國人們已經到「忍耐的極限」了吧？

我真的很想創造一種氛圍，得以在中國內部創建一個以台灣、香港的思想為中心的政黨，更甚至是希望能夠讓中國國內的宗教勢力，得以去保護人民。

現今真的必須要對科學技術小心，因為現在中國人完全處於監視系統的掌控之下。不管是臉部辨識系統，還是智慧型手機，人們一天當中去了哪裡，全都被政府掌控。

如果人去了教會，政府也會知道。只要追蹤和誰見過面，一票人全部都會被抓出來，現在連「在地下活動的自由」都沒有了。

這實在是非常遺憾，若是外國勢力不多少介入的話，是很難加以改變的。

此外，關於台灣的安全，我想問問，若是中國真的侵略台灣的話，哪個國家會馳援而來？

英國對於香港還有著責任，所以他們表示願意接收三百萬人左右，我想他們真的會對香港進行援助、救助。

中國現在正希望弄垮川普政權，並且想要阻止英國強森首相的脫歐行動。若是美國換成是拜登當總統的話，他不是也反對英國脫歐嗎？他的想法是「英國應該乖乖地待在歐盟當中」。

中國現在想要試圖從金融面支配歐盟，中國在希臘、義大利等國有著相當大的影響力。

之所以中國想要拿下希臘、義大利，是因為他們打算透過義大利來支配梵蒂岡。如果拿下了義大利，梵蒂岡也就完了，那真的是一點輒都沒有。中國想要試圖攻下基督教。

他們還打算侵略非洲。中國在錫蘭……，不，應該是說在斯里蘭卡，建立了軍港，當斯里蘭卡無法償還欠中國的債務時，中國就把該處當成是自己的軍港使用。為了將來必要之時所用，中國打算打造對印度的包圍網。

因此，對這些行徑反對之人，現在必須像是過去的坂本龍馬一樣，到處奔波、串連勢力才行。即使是無名之人，現今的有志之士們都必須動起來才行。

若是無法依靠政府，日本應該考慮民間防衛

李登輝　或許B先生在不久之後，像是坂本龍馬一樣到處奔波之際，或許就會在某處被逮捕，之後就被丟進牢裡送去北京。屆時就會被問：「內蒙古、新疆、西藏，你想被送去哪裡？」啊哈哈（笑）。他會選擇去哪裡呢？

（對B先生說）你會去哪裡呢？

提問者B 我的確受到了您的精神感化、鼓舞。

李登輝 嗯。

提問者B 我認為您透過自己的生涯，展現了過去有著崇高情操的日本人，或者是說變成敗戰國之前，有著武士道精神的日本人之姿。

李登輝 嗯、嗯。

提問者B 先前與您見面的時候，您也曾提到「日本是有能力的」。

李登輝 是啊！

提問者B 您還說「只是，日本沒有想要發揮那樣的能力，沒有想要發揮那樣的政治力」，我感覺到那是您感到最遺憾的地方。

李登輝 沒錯，就是如此。

提問者B 此外，您當時還說到「戰後的日本政治家，真的都沒有抱持信仰心」、「這就是和我的不同之處」。若是您對於包含當今政治家的戰後的日本人們，有任何指教的話，盼望您不吝提出。

李登輝　我這麼說可能會有些粗俗，日本的戰後政治家搞得都是「宦官政治」。不男不女的……，我這麼說或許有點性騷擾。過去中國宮廷中的那一套，真的是很下流。

因為皇帝身邊有很多宮女，所以宮中的男性都被去勢，那些人又不是豬……。皇帝就是被那種既不男又不女的宦官服侍，而現今日本就是這種狀態。從戰後到現在，不男不女的政治家把持著日本政治，這得要加以克服才行啊！

還有，安倍先生發給人們口罩是無所謂，但日本政府應該把嘴閉起來，讓民間去打造防衛武器！政府不要加以干涉。

從上游的三菱重工到豐田汽車等等，應該好好地想想如何製造防衛武器。光是這樣，日本的國防就會變得更為強大。既然日本政治已經是這副模樣，不是更應該想想該如何透過民間提升防衛力嗎？這就算幸福實現黨如何警示國防的重要，但電視台都完全不報導，媒體簡直都變成像是宦官一樣。

日本一直持續著「宦官政治」，這樣下去真的是不行啊！不興起「革命」的話，日本將來可就危險了！若是美國這座靠山不見的話，日本就完了。

中國正試圖拿下關島、夏威夷

李登輝　在戰略上，中國想讓第一島鏈上的所有國家，都置於自己支配之下，想要取得制海權、制空權。而在第二島鏈，中國從日本的伊豆諸島往下拉一條線直到夏威夷，中國想要掌握這範圍的空海權，讓美國退往夏威夷之後。

中國想要掌握夏威夷到中國的全部海域，並且還想掌控中東油田到非洲的範圍。若是順利的話，他們還想要在歐洲打下樁腳。對此毫未加以防備的國家，一下子就會被拿下。

中國老是說著「這是中國的領海，是中國的核心利益」。想像一下，如果中國說著「夏威夷是中國的核心利益，本來就是屬於中國的，美國不應該進出於太平洋」，美國會作何反應？

的確因為美國擁有著夏威夷，所以能夠以此為中心，建立太平洋艦隊。中國現在正打算學習日本攻擊珍珠港，先拿下關島，之後再拿下夏威夷。如果不先拿下關島的話，中國就會被美國轟炸，因為美國可從關島出發，三、四個小時就能轟炸中國。所以中國得先奪取關島，之後才是夏威夷。習近平的腦袋，應該已經考慮到這步驟。在發生那種情況之前，必須要讓中國在台灣、香港之前止步才行。日本現在還在奮戰的，就只有石垣島的市長而已。只有石垣市長有著被占領的危機感。石垣市長現在像個堂堂正正的武士發言，但沖繩本島還有其他各地的政治家，就真的太不像話、太糟糕了。終究幸福實現黨得在政治上「砍死」這些人才行啊！「砍死」這些人之後，踏過那座「屍體之山」，改變這個國家才行！怎麼可以就此服輸？

對於帶給台灣「勇氣」的講演會以及幸福科學的期待

提問者A　看到李登輝前總統，我只能用「勇氣」一詞來形容。

李登輝　嗯。

提問者A　關於「正確的事正確地說、正確地做」的如此「勇氣」，能否請您對於全世界，或者是台灣、日本等亞洲的每一個人們，給予一些鼓勵的話語。

李登輝　在日本人當中，大川隆法總裁毫不畏懼地講出正確的話語。去年很感謝他來到了台灣，這讓台灣湧現更多的勇氣，並且也讓台灣人知道，在日本當中尚有支持著台灣的人們，而這些人亦是有著某種程度的勢力。也讓台灣人知道，如今在日本當中仍有人秉持著「武士道」精神。

此外，大川隆法總裁還去了加拿大※吧？中國現在也將手伸向加拿大。幸福科學不只在美國，並且在加拿大拚命地推動著活動。大川總裁還去了加拿大，在美國也有著影響力，我真的認為他是很有勇氣的日本人。

我已經回到了靈界，已經沒有了肉體，所以在世間什麼也做不了。蔡英文女士還在努力著，但是她終究必須要有著友軍才行。

我希望大川隆法先生能擁有更大的影響力，幸福科學的力量還能夠更加更加地壯大。終究必須先從「話語」來給予掩護射擊，之後是「政治、經濟」層面的支援。必須要導正中國，引導中國成為正確的國家。必須要有人能區分出正邪才行。但是要讓其以「信仰」的型態開花結果，我就不知道得花上多少時間了。

※ 還去了加拿大　2019年10月6日（台灣時間10月7日）於加拿大多倫多，以「The Reason We Are Here」為題，舉行了英語講演並接受了聽眾提問。講演內容收錄於《現在所需的世界正義》（幸福科學出版發行）。

明治時期以後，日本喪失「本質上的信仰」

李登輝　現今日本的信仰之所以變得脆弱的原因，是因為明治時期以後，日本試著自己建立類似一神教的「天皇制信仰」，不過那種信仰的層次實在是太淺薄了。

不應只是「天皇信仰」、「現人神信仰」，終究必須要提升至對「天照大神」抱持信仰。如果當時把天皇信仰當成入口，讓人們提升到對天照大神抱持信仰的話，即使後來戰敗了，日本的宗教信仰人口也不會變得那麼少。

在日本戰後尚有許多木造的房子，很多人的家中有著祭祀天照大神的神壇，但是現在都變成鋼筋水泥的大樓，很少人家中還安置著神壇。日本現在喪失了本質上的信仰，對此得要找回來才行。

大川隆法先生現在身為人活在世間，既有行動力也有發言力，可是若要讓人們將大川先生視為神予以信仰，很遺憾地，在這大家「一人一票」的世界當中，是沒有那麼容易的。

我不知道那還得花多少時間，但至少仍存在著從天上界指導世間的眾神明們。在這層意義上，雖然有人說著「無法樹立對於尚活在世間之人的信仰」，卻仍舊可以對位於天上界的神明抱持信仰。

佛教當中的「佛陀信仰」所說的，就是活在世間之人若是開悟了，即能夠成為佛陀。這在某種意義上來說，如此說法有點類似現人神信仰。

覺悟是屬於每個個人的體會，無法像專制政治那樣加以強迫，所以現在要讓人們對於尚活在世間之人抱持信仰，仍有其困難之處。現今首先必須要處理與中國的一戰，接下來還有「與基督教的紛爭之間，如何善導伊斯蘭教」的工作。我想或許這兩個即是大川隆法先生的工作。

只要你們呼喊我出來，無論多少次我都會出來，但我只能夠持續說著「日本啊！要像個國家的樣子！」

你們啊！要變得更偉大一點！除非你們變得偉大，否則就無法打破日本當中厚重的圍牆，更遑論要走到國外。

不要再理什麼公明黨了，勸他們都引退，應該讓日本的宗教勢力、各宗派的票都集中於幸福科學才行。

日本不是有基督教、佛教、神道嗎？叫他們都把票投給幸福科學。

你們要好好地保護這個國家啊！

提問者A　是。

7 給亞洲與世界的訊息

「希望你們把我死後所留下的訊息，傳達給有心之士」

李登輝 作為我死後所留下的正式訊息，這是第一次，或許也是最後一次。這是即便在台灣也辦不到的事。希望你們將這個訊息，不管是用看的還是用聽的，傳達給有心之士。

B先生，這下你又有新任務了，請務必將我的話語傳達給台灣的有心之士。

提問者B 是，我必定會傳達。

李登輝 雖然我信仰著基督教，但即便不是基督教也無所謂，就算是日本的宗教，我們也覺得沒關係，只要能夠防衛北京的「侵略黴菌」，有著盤尼西林的效果就好了。

我能感覺到你們的可能性，不過問題就在於得花多少時間，若是來不及就不好了。

「我希望川普總統能徹底努力」

李登輝 美國可不能再次回到孤立主義，就是因為過去門羅宣言，美國採取了孤立主義，進而讓第一次、第二次世界大戰延燒下去。終究大國應該說該說的話，並且採取行動才行。

川普說WHO偏袒北京、中國，所以退出了WHO，乍看之下，或許會認為川普很離譜，但我認為他的那般決然之舉很了不起。所以，我希望他能夠如此徹底地貫徹下去。

中國在背後搞鬼啊！WHO被收買了啊！背後都是中國的資金！那個秘書長絕對是被收買了。中國一定會那麼幹的，太簡單了，只要攏絡他一個人就好了，中國一直都是這麼搞的。

我希望川普先生能夠徹底努力。

拜登也是個美國人，我想他不會完全地親中，然而他終究會被中國看輕瞧不起。「因為討厭川普，所以投給拜登」，如此風向得要加以調整才行。

對於川普的強硬態度，日本應該要加以支持才行。至少，現在大川隆法總裁支持著川普，所以日本的輿論沒有那麼地反川普。

一開始，日本受到美國國內的傳媒影響，反川普變成了常識，但現在那股風向變得很弱。

對此，日本必須要告訴美國，日本現在的態度。作為日本的李登輝，對於美國也必須說「要像個國家的樣子」才行。

提問者A　是，今天非常感謝您。

「有無具備靈界觀」是攸關能否以人類之姿繼續存續的問題

李登輝 這樣就好了嗎？死人竟然還能講話。

提問者A 是（笑）。

李登輝 哈哈哈哈哈。中國給我好好看著！北京以為我死了就能「封住我的嘴」，想著「之後讓蔡英文消失就成了」，但是他們可沒想到「死人竟然還能講話」。

提問者A 是，我們將以您今日的談話內容作為精神支柱，藉以與中國共產黨對峙。

李登輝

是否認同有靈界、靈魂的存在，這對人來說非常地關鍵，這是一個攸關此人能否以人類之姿繼續存續的問題。若是沒有具備靈界觀的話，就不會有倫理、道德的存在。只要能活在世間的話，那就和豬沒什麼兩樣……，不好意思，用豬來這樣比喻。應該說，那就跟老鼠、蝙蝠沒什麼兩樣了。若是沒有認識到自己是具備著尊嚴的存在的話，那就無法擁有尊貴的人生態度了。

在過去第二次世界大戰中，雖然死去了三百萬日本人，但那些為了理想而死去的人們，我認為他們沒有前往地獄。我想他們都回到了天國，我也想要成為他們的一份子，我終究想要將亞洲導向正確的方向。

日本也有著責任啊！讓中國變成那幅模樣，日本應該要好好地反省，趕緊調整自己對待中國的政策。

正是因為日本放棄了自己所有的軍備，才讓中國、北韓有機可趁。在「毛澤東革命」，還有韓國的「南北戰爭」之後，出現了那樣的北韓，如果日本軍還存在的話，怎麼會發生那種狀況。

現在麥克阿瑟應該像是鰻魚串燒一樣，在火爐上被翻來覆去的吧！

我真的覺得是這樣。

總之，你們要加油！

提問者A　謝謝您。

「絕不可屈服於錯誤的思想」

李登輝　（幸福實現黨）黨主席也要加油！拚了！

提問者A　是。

李登輝　不要把政務推動不利，都怪罪到資金不夠。「因為沒有錢，所以辦不到」，這不是問題所在！

言論、思想，即便是一個人，也能夠將其散播出去。既能夠散佈於全國，也能夠廣傳到國外。只要出現共鳴的人們，那思想即能獲得廣佈，所以不是金錢的問題。

所以（手中拿起《大中華帝國崩壞的序曲》一書），這本書不可以僅流通於台灣而已啊！在中國國內，也要用「盜版」的方式加以廣佈啊！

提問者A 是。

李登輝 是，要讓中國人知道「現在神明在中國內部興起動亂」、「不可把習近平當作神」。

提問者A 我們會使用各種手段，將如此思想滲透到中國。

李登輝　嗯。日本人認為「只要不爭吵」就是好事，但這樣是不行的！有時必須要興起爭端才行！不可屈服於錯誤的道理。日本製作了漫畫、電影《王者天下》，但怎麼可以廣佈那種秦始皇是很偉大的思想？應該描繪相反的吧！推翻那般暴君、專制的君主制才是正義啊！

提問者A　是，感謝您今天賜予的箴言。

李登輝　等告一段落之後，再看情形叫我喔！

提問者A　是。

李登輝 嗯，屆時應該還能說些新的事物。

提問者A 是啊！

李登輝 嗯（拍手一次）。

提問者A 今天誠心地感謝您！

李登輝 嗯，那麼就再見了。

8 結束靈言的收錄

大川隆法　（拍手兩次）李登輝先生應該還是很辛苦，所以他稍微使用了我的能量，努力地講述了話語。或許我等一下會感覺到些許疲累，但至少讓他稍微以年輕的頭腦和身體講述了話語。

但願能以此靈言為起點，開始逆轉局勢。

提問者A　今天非常感謝您。

大川隆法　謝謝。

後記

無法述說神之正義的日本真的是很可悲。

戰後的日本，被科學唯物論的偽知識所支配亦很可悲。

共產主義戴著國家福利主義的面具，評論家、知識分子主張縮減貧富差距，極小化人們的嫉妒心才是正義，如此空虛的行逕更是可悲。

日本啊！覺醒啊！在專制政權下鎮壓的自由、侵略的自由，和為了促進國民幸福的「自由」是不同的！若是沒有抱持對神的信仰，「民主」將會墮落為黑暗的共產主義。更有可能的是，現代會橫行著忘卻「利他」，盡是「為所欲為的任性自由」。人們必須從有規律的責任當中，找到自己的自由並且進行創造。

切勿相信被惡魔掌控的國家！要解放該國的國民！日本啊！要找回武士道精神！

二〇二〇年八月六日

幸福科學集團創立者兼總裁

幸福實現黨創立者兼總裁　大川隆法

HAPPY SCIENCE

幸福科學集團介紹

幸福科學透過宗教、教育、政治、出版等活動，以實現地球烏托邦為目標。

幸福科學

一九八六年立宗。信仰的對象為地球靈團至高神「愛爾康大靈」。幸福科學信徒廣布於全世界一百多個國家，為實現「拯救全人類」之尊貴使命，實踐著「愛」、「覺悟」、「建設烏托邦」之教義，奮力傳道。

愛

幸福科學所稱之「愛」是指「施愛」。這與佛教的慈悲、佈施的精神相同。信眾透過傳遞佛法真理，為了讓更多的人們能度過幸福人生，努力推動著各種傳道活動。

覺悟

所謂「覺悟」，即是知道自己是佛子。藉由學習佛法真理、精神統一、磨練己心，在獲得智慧解決煩惱的同時，以達到天使、菩薩的境界為目標，齊備能拯救更多人們的力量。

建設烏托邦

我們人類帶著於世間建設理想世界之尊貴使命，而轉生於世間。為了止惡揚善，信眾積極參與著各種弘法活動。

入會介紹

在幸福科學當中，以大川隆法總裁所述說之佛法真理為基礎，學習並實踐著「如何才能變得幸福、如何才能讓他人幸福」。

入會

想試著學習佛法真理的朋友

若是相信並想要學習大川隆法總裁的教義之人，皆可成為幸福科學的會員。入會者可領受《入會版「正心法語」》。

三皈依誓願

想要加深信仰的朋友

想要做為佛弟子加深信仰之人，可在幸福科學各地支部接受皈依佛、法、僧三寶之「三皈依誓願儀式」。三皈依誓願者可領受《佛說・正心法語》、《祈願文①》、《祈願文②》、《向愛爾康大靈的祈禱》。

幸福科學於各地支部、據點每週皆舉行各種法話學習會、佛法真理講座、經典讀書會等活動，歡迎各地朋友前來參加，亦歡迎前來心靈諮詢。

台北支部精舍
台北市松山區敦化北路 155 巷 89 號

幸福科學台灣代表處
台北市松山區敦化北路 155 巷 89 號
02-2719-9377
taiwan@happy-science.org
FB：幸福科學台灣

幸福科學馬來西亞代表處
No 22A, Block 2, Jalil Link Jalan Jalil Jaya 2,
Bukit Jalil 57000, Kuala Lumpur, Malaysia
+60-3-8998-7877
malaysia@happy-science.org
FB：Happy Science Malaysia

幸福科學新加坡代表處
477 Sims Avenue, #01-01, Singapore 387549
+65-6837-0777
singapore@happy-science.org
FB：Happy Science Singapore

台灣前總統李登輝歸天後的首次發言

台湾・李登輝元総統　帰天第一声

作　　者／大川隆法
翻　　譯／幸福科學經典翻譯小組
主　　編／簡孟羽、洪季楨
編　　輯／謝佩珊
封面設計／Toby
內文設計／黛安娜

出版發行／台灣幸福科學出版有限公司
地址／104-029 台北市中山區中山北路三段 49 號 7 樓之 4
電話／02-2586-3390　傳真／02-2595-4250
客服信箱／info@irhpress.tw
法律顧問／第一法律事務所　余淑杏律師

總 經 銷／旭昇圖書有限公司
地址／235-026 新北市中和區中山路二段 352 號 2 樓
電話／02-2245-1480　傳真／02-2245-1479

幸福科學華語圈各國聯絡處／
台　灣　taiwan@happy-science.org
地址：台北市松山區敦化北路 155 巷 89 號（台灣代表處）
電話：02-2719-9377
官網：http://www.happysciencetw.org/zh-han
香　港　hongkong@happy-science.org
新 加 坡 singapore@happy-science.org
馬來西亞 malaysia@happy-science.org

書　　號／978-986-99342-4-4
初　　版／2020 年 9 月初版一刷
定　　價／新台幣 300 元

國家圖書館出版品預行編目(CIP)資料

台灣前總統李登輝歸天後的首次發言／大川隆法作；幸福科學經典翻譯小組翻譯. -- 初版. -- 臺北市：台灣幸福科學出版，2020.09
144 面；14.8×21公分
譯自：台湾・李登輝元総統　帰天第一声
ISBN 978-986-99342-4-4（平裝）

1. 國際政治　2. 國際關係

578.193　　109013840

廣　告　回　信	
台北郵局登記證	
台北廣字第5433號	
平　　　　信	

IRH Press Taiwan Co., Ltd.
台灣幸福科學出版有限公司

104-029 台北市中山區中山北路三段49號7樓之4
台灣幸福科學出版　編輯部　收

請沿此線撕下對折後寄回或傳真，謝謝您寶貴的意見！

台灣前總統李登輝
歸天後的首次發言

大川隆法 Ryuho Okawa

台灣幸福科學出版有限公司

台灣前總統李登輝歸天後的首次發言
讀者專用回函

非常感謝您購買《台灣前總統李登輝歸天後的首次發言》一書，
敬請回答下列問題，我們將不定期舉辦抽獎，
中獎者將致贈本公司出版的書籍刊物等禮物！

讀者個人資料　　**※本個資僅供公司內部讀者資料建檔使用，敬請放心。**

1. 姓名：　　　　性別：□男　□女
2. 出生年月日：西元　　　年　　　月　　　日
3. 聯絡電話：
4. 電子信箱：
5. 通訊地址：□□□-□□
6. 學歷：□國小 □國中 □高中／職 □五專 □二／四技 □大學 □研究所 □其他
7. 職業：□學生 □軍 □公 □教 □工 □商 □自由業□資訊 □服務 □傳播 □出版 □金融 □其他
8. 您所購書的地點及店名：
9. 是否願意收到新書資訊：□願意　□不願意

購書資訊：

1. 您從何處得知本書的訊息：（可複選）□網路書店　□逛書局時看到新書　□雜誌介紹
   □廣告宣傳　□親友推薦　□幸福科學的其他出版品　□其他
2. 購買本書的原因：（可複選）□喜歡本書的主題　□喜歡封面及簡介　□廣告宣傳
   □親友推薦　□是作者的忠實讀者　□其他
3. 本書售價：□很貴　□合理　□便宜　□其他
4. 本書內容：□豐富　□普通　□還需加強　□其他
5. 對本書的建議及觀後感
6. 您對本公司的期望、建議…等等，都請寫下來。

IRH Press Taiwan Co., Ltd.
台灣幸福科學出版有限公司